MÍOSTRÚ

Scríofa agus maisithe ag Anabel Muñoz Llopis

Menarche

1. f. An chéad fhuil mhíosta a bhíonn ag bean.
   men ('mí') *arkhe* ('prionsabal, cumhacht'), *-ia* ('cáilíocht').
   Is sárchumhacht é míostrú.

"Ní féidir aon fhoirm atáirgthe, dáilte, cumarsáide poiblí nó claochlaithe a dhéanamh ar an saothar seo ach i ndiaidh údarú sainráite a fháil ó na húinéirí, seachas mura bhforáiltear dá leithéid ar shlí eile sa dlí. Déan teagmháil le CEDRO (Centro Español de Derechos Reprográficos, www.cedro.org) más mian leat aon chuid den saothar seo a fhótachóipeáil nó a scanadh.

Míostrú
© Ón saothar: Anabel Muñoz Llopis
© Ón maisiúchán: Anabel Muñoz Llopis
© Ón eagrán seo: *Cló* Mercier, 2025
www.mercierpress.ie
An chéad eagrán: Meán Fómhair, 2023 Arna Phriontáil sa Spáinn

Tá na páipéir a úsáidimid neamhdhíobhálach don timpeallacht, saor ó chlóirín agus tagann siad ó fhoraoisí atá á mbainistiú go héifeachtúil.

ISBN: 9781917453660

Índice

Tús an aistir

Caithreachas

An timthriall míosta

Tharla mo chéad fhuil mhíosta...
Céard a tharlóidh anois?

Nuair a smaoiníonn daoine ar an timthriall
míosta smaoiníonn siad ar shreabháin éagsúla

Roinnt roghanna chun timpistí beaga
a sheachaint

Sláinteachas pearsanta i rith míostraithe

Siondróm réamh-mhíosta

Pian mhíosta

Tús an aistir

Go hiondúil, nuair a dhéanaimid rud éigin den chéad uair, bíonn roinnt deacrachtaí againn agus bíonn orainn cabhair a lorg roinnt mhaith uaireanta nó réitigh a lorg chun cabhrú linn foghlaim. Tarlaíonn gach rud den chéad uair ag pointe éigin. Ag an tús, teastaíonn cabhair uainn le gach rud. Teastaíonn cabhair uainn foghlaim conas siúl, conas leabhar a léamh agus conas a carr a thiomáint. Beidh cabhair ag teastáil uainn dul i dtaithí ar mhíostrú freisin. Agus sin ábhar an leabhair seo - do chéad fhuil mhíosta, tús d'aistir thimthriallaigh.

Is aistear fada a bheidh ann, aistear saoil. Dá bhrí sin, tá sé tábhachtach go dtuigeann tú an méid atá ag tarlú gach mí agus go mbeidh tú slán sábháilte. Is éard atá sa leabhar seo eolas bunúsach faoi mhíostrú.

Caithreachas

Is éard atá i gceist le caithreachas na hathruithe a thugann tú faoi deara ar do chorp nuair is duine fásta thú seachas páiste. Tabharfaidh tú athruithe faoi deara ar do chorp agus i d'intinn. Ciallaíonn sé go mbeidh do chorp ag fás. Forbróidh codanna ar leith de do chorp. Más cailín thú, tabharfaidh tú athruithe faoi deara nuair a bheidh tú thart ar ocht mbliana d'aois. Tabharfaidh tú athruithe beaga faoi deara ar dtús: b'fhéidir go dtosóidh gruaig ag fás in áiteanna nua, cosúil leis an réigiún púbasach nó i d'ascaillí, nó b'fhéidir go n-athróidh cruth agus méid codanna de do chorp. Is iad na cíocha na codanna den chorp ina dtugtar an t-athrú is mó faoi deara. Tosaíonn na cíocha ag athrú ar dtús nuair a fhorbraítear na siní mamacha. Bealach eile a mbeidh a fhios agat go bhfuil caithreachas ag tarlú is ea go n-éireoidh tú níos airde; tosaíonn cailíní ag fás sula dtosaíonn buachaillí ag fás. Seans go mbeidh tusa níos airde ná gach duine eile sa rang go luath.

Tarlaíonn na hathruithe seo ar fad ag tús an chaithreachais, ach ní fheicfidh tú gach athrú a tharlóidh; tarlaíonn athruithe áirithe taobh istigh de do chorp. Bíonn athruithe áirithe le feiceáil againn ar ár gcorp, ach bíonn athruithe ag tarlú taobh istigh dár gcorp freisin: tosaíonn ár n-inchinn, an fhaireog phiotútach go háirithe, ag tál hormón. Sin é go díreach é …. Hormóin. Ach ná bíodh aon imní ort, is teachtairí ceimiceacha iad hormóin atá le fáil inár gcorp. Tarlaíonn athruithe ar ár gcorp, bíonn dea-ghiúmar agus drochghiúmar orainn uaireanta, mar gheall ar hormóin. Taistealaíonn hormóin ónár n-inchinn chomh fada lenár gcóras atáirgthe agus lenár n-ubhagáin. Insíonn na hormóin do na hubhagáin gur cheart dóibh hormóin eile a dhéanamh. Éastraigin agus próigeistéarón a thugtar ar na hormóin eile sin. Le chéile, insíonn na hormóin sin dár gcóras atáirgthe tosú ag obair ionas go dtosaíonn ár dtimthriall míosta.

"   Taistealaíonn hormóin ón inchinn chomh fada leis na hubhagáin. Nuair a bhíonn na hormóin le fáil sna hubhagáin cuireann siad brú ar na hubhagáin cineál eile hormón a dhéanamh: éastraigin agus próigeistéarón. Le chéile, insíonn na hormóin sin dár gcóras atáirgthe tosú ag obair ionas go dtosaíonn ár dtimthriall míosta. "

			1 💧	2 💧	3 💧	4 💧	5 💧
6	7	8	9	10	11	12	
13	14 ○	15 ○	16 ○	17	18	19	
20	21	22	23	24	25	26	
27	28						

Maireann an timthriall míosta thart ar 28 lá ach d'fhéadfadh sé a bheith cúpla lá níos giorra nó níos faide ná sin. Braitheann an timthriall ar an duine.

1. Míostrú
Ag tús an timthrialla beidh fuil le feiceáil agat. Is fíochán ón inmheitriam atá san fhuil sin. Maireann an timthriall seo idir cúig agus seacht lá.

2. An chéim falacal
Tosaíonn an chéim seo díreach i ndiaidh míostraithe. I rith na céime seo, ullmhaíonn an corp chun ubh a scaoileadh.

3. An chéim ubhsceite
Scaoileann na hubhagáin ubh. Bíonn mná an-torthúil ag an gcéim seo den timthriall. Tarlaíonn an chéim seo i lár an timthrialla.

4. An chéim lúitéach
Tosaíonn an chéim seo díreach i ndiaidh ubhsceite agus críochnaíonn sí an lá sula dtosaíonn an chéad fhuil mhíosta eile. I rith na céime seo, ullmhaíonn an t-útaras chun glacadh le hubh thoirchithe, nó do thoircheas, i bhfocail eile.

An timthriall míosta

Mar a míníodh roimhe seo, forbraíonn ár gcorp mar gheall ar chaithreachas agus tosaíonn timthriall míosta cailíní. Tosaíonn an timthriall nuair a fheiceann tú fuil mhíosta agus críochnaíonn an timthriall díreach roimh an gcéad fhuil mhíosta eile. Ach cén fheidhm atá le míostrú? Tá sé an-simplí. Is comhartha atá ann a sheolann ár gcorp chun insint dúinn gur féidir linn páiste a bheith againn, nó a bheith torrach. Sin an chúis a dtarlaíonn míostrú inár n-orgán atáirgthe. Mar is léir ón ainm, sin é an t-orgán a chuireann ar ár gcumas páistí a bheith againn. Nuair a chuirtear tús le timthriall míosta cuirtear tús le saol torthúil mná. De bhrí go bhfuil sé sách deacair é seo ar fad a mhíniú, díreoimid ar na céimeanna éagsúla ar dtús.

Tá dhá chuid le fáil i gcóras atáirge na mná: cuid inmheánach, ina bhfuil an chuid is mó den chóras, agus cuid sheachtrach, arb é an phríomhfheidhm atá léi an bealach isteach chuig an gcuid inmheánach den chóras a chosaint.

An córas atáirgthe inmheánach

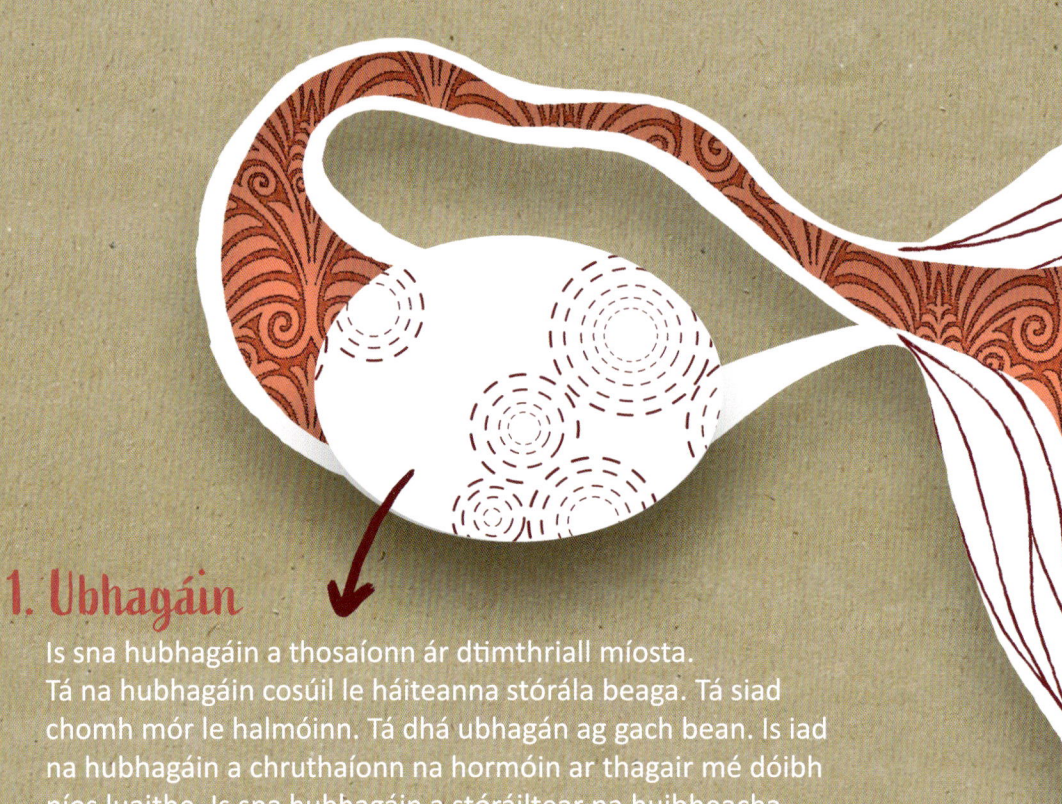

1. Ubhagáin

Is sna hubhagáin a thosaíonn ár dtimthriall míosta.
Tá na hubhagáin cosúil le háiteanna stórála beaga. Tá siad chomh mór le halmóinn. Tá dhá ubhagán ag gach bean. Is iad na hubhagáin a chruthaíonn na hormóin ar thagair mé dóibh níos luaithe. Is sna hubhagáin a stóráiltear na huibheacha. Céard iad uibheacha? Is gnéaschealla baineanna iad uibheacha atá le fáil inár gcorp ó rugadh muid. I rith ár saoil, ní bheidh níos mó uibheacha á ndéanamh againn; beidh uibheacha á gcailleadh againn i rith ár saoil. Nuair a thagann bean ar an saol bíonn milliún uibheacha nó níos mó aici, ach laghdóidh an méid uibheacha i rith a saoil. Nuair a shroichtear caithreachas agus nuair a thosaíonn an fhuil mhíosta, bíonn idir 300,000 agus 500,000 ubh fágtha againn. Nuair a bhíonn tús curtha le míostrú, aibeoidh ceann amháin dár n-uibheacha uair amháin gach 28 lá, agus tosóidh ubhsceitheadh.

Céard é ubhsceitheadh?

Is próiseas é ubhsceitheadh a thosaíonn nuair a scaoiltear ubh aibí i rith thimthriall míosta na mban. Is céim amháin den timthriall míosta atá ann agus is i rith na céime seo atá an bhean torthúil. Is ar na laethanta sin a d'fhéadfadh bean éirí torrach. Tosaíonn ubhsceitheadh idir 13 agus 15 lá sula mbíonn fuil le feiceáil. Tarlaíonn ubhsceitheadh nuair a fhágann ubh aibí an t-ubhagán agus nuair a thosaíonn sí ag taisteal trí na feadáin fhallópacha. Nuair a tharlaíonn sé sin, ní mór go mbeadh an ubh á toirchiú ag gnéaschill fhireann, ar a dtugtar speirm, laistigh de 12 agus 24 uair an chloig. Dá mbeadh caidreamh gnéis agat agus dá dtoircheodh an ubh, leanfadh an ubh ar aghaidh ag taisteal chomh fada leis an útaras agus d'ionchlannódh an ubh i mballaí an útarais agus thosódh sí ag forbairt. Mura ndéanfaí an ubh a thoirchiú, dhíghrádódh an ubh.

2. Feadáin fhallópacha

Dhá fheadán fhada, thanaí a nascann an dá ubhagán leis an útaras. Tá siad cosúil le droichead a bhíonn in úsáid ag uibheacha chun dul ó áit go háit.

3. Útaras

Orgán cuasach i gcruth triantáin aisiompaithe atá suite sa pheilbheas. Is í an fheidhm atá ag an útaras an ubh a iompar má tá sí toirchithe. Chun é sin a dhéanamh, ullmhaíonn an t-útaras ag tús ár dtimthrialla mhíosta, nuair a thosaíonn na hubhagáin ag tál hormón. Méadaíonn ballaí an útarais de réir mar a leanann an timthriall ar aghaidh go dtí go gcruthaítear fíochán ar a dtugtar an t-inmheitriam chun glacadh le hubh a d'fhéadfadh a bheith toirchithe. Mura dtarlaíonn sé sin, scaoilfear leis an bhfíochán a bhí ag ullmhú an útarais. Is fuil agus fíochán a bheidh ann, agus is mar sin a tharlaíonn míostrú.

4. Ceirbheacs

An chuid íochtarach den útaras. Tá an ceirbheacs cosúil le cainéal idir an t-útaras agus an fhaighin.

5. An fhaighin

Nascann an t-orgán seo an t-útaras leis an taobh amuigh dár gcorp. Tá go leor fillteacha le fáil ar bhallaí na faighne, ar a dtugtar rugae vaginales, a shíneann agus a leathnaíonn de réir ár riachtanas, rud a chiallaíonn go bhfuil an fhaighin an-solúbtha. Is tríd an bhfaighin a thagann an fhuil mhíosta amach as an gcorp. Is tríd an fhaighin a tharlaíonn caidreamh collaí agus a saolaítear páistí.

An córas atáirgthe seachtrach

An phit

Is í an phit an t-aon chuid dár gcóras atáirgthe atá taobh amuigh dár gcorp.

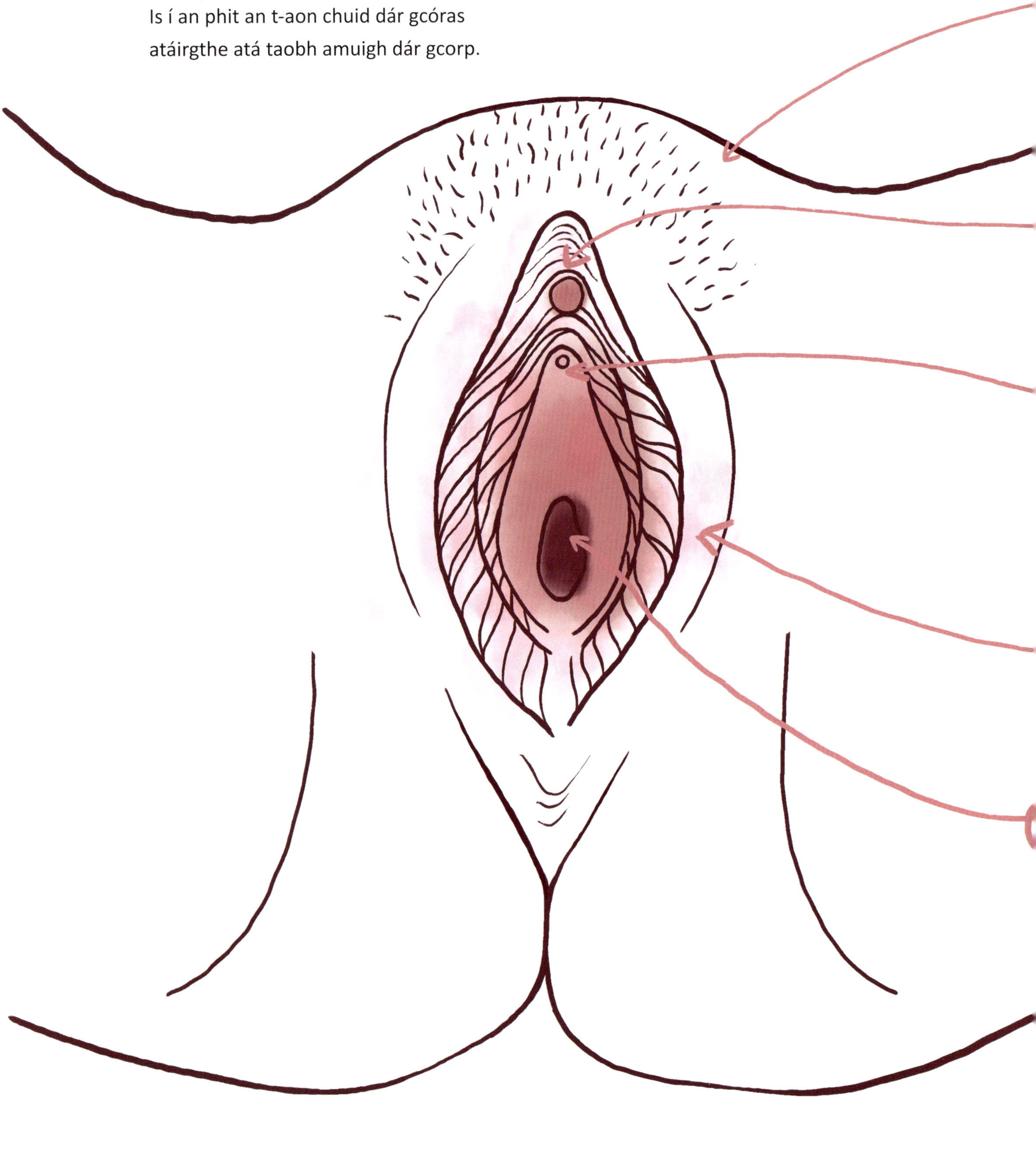

1. Meall an Phúbais

Meall feolmhar atá le fáil ag barr na pite. I ndiaidh caithreachais, fásann caithir ar an meall seo. Cosnaíonn an chaithir sin an chnámh phúbasach.

2. Brillín

Tá an brillín suite ag barr na pite, áit a ndéanann na liopaí inmheánacha teagmháil lena chéile. Tá barr an bhrillín clúdaithe ag caipín an bhrillín, ach níl ansin ach an chuid sheachtrach. Tá an chuid eile den bhrillín taobh istigh den chorp. Níl aon bhaint ag feidhm an bhrillín le míostrú. Is í an t-aon fheidhm atá ag an mbrillín pléisiúr gnéis mar gheall ar an líon mór néarcheann atá ann.

3. Oscailt úiréadrach

Oscailt atá le fáil faoin mbrillín. Is ón áit seo a thagann fual amach.

4. Laibiamaí

Is fillteacha nó liopaí craicinn iad laibiamaí atá le fáil mórthimpeall ar oscailt na faighne. De ghnáth bíonn na liopaí seachtracha feolmhar agus clúdaithe i gcaithir. Tá na liopaí inmheánacha taobh istigh de na liopaí seachtracha. Tosaíonn siad sa bhrillín agus críochnaíonn siad faoi oscailt na faighne. Chomh fada is a bhaineann leis an gcuma atá ar chorp duine tá gach bean éagsúil, rud a chiallaíonn go bhféadfadh saintréithe éagsúla a bheith le tabhairt faoi deara. Beidh dath bándearg ar chraiceann ban áirithe, beidh dath níos dorcha ar chraiceann ban eile, agus ar ndóigh, ní gá go mbeadh na liopaí siméadrach. D'fhéadfadh liopa amháin a bheith níos mó ná an liopa eile.

5. Oscailt na faighne

Is í an oscailt seo an bealach isteach chuig córas atáirgthe inmheánach na mná. Is amach as oscailt na faighne a thagann fuil mhíosta agus páistí freisin.

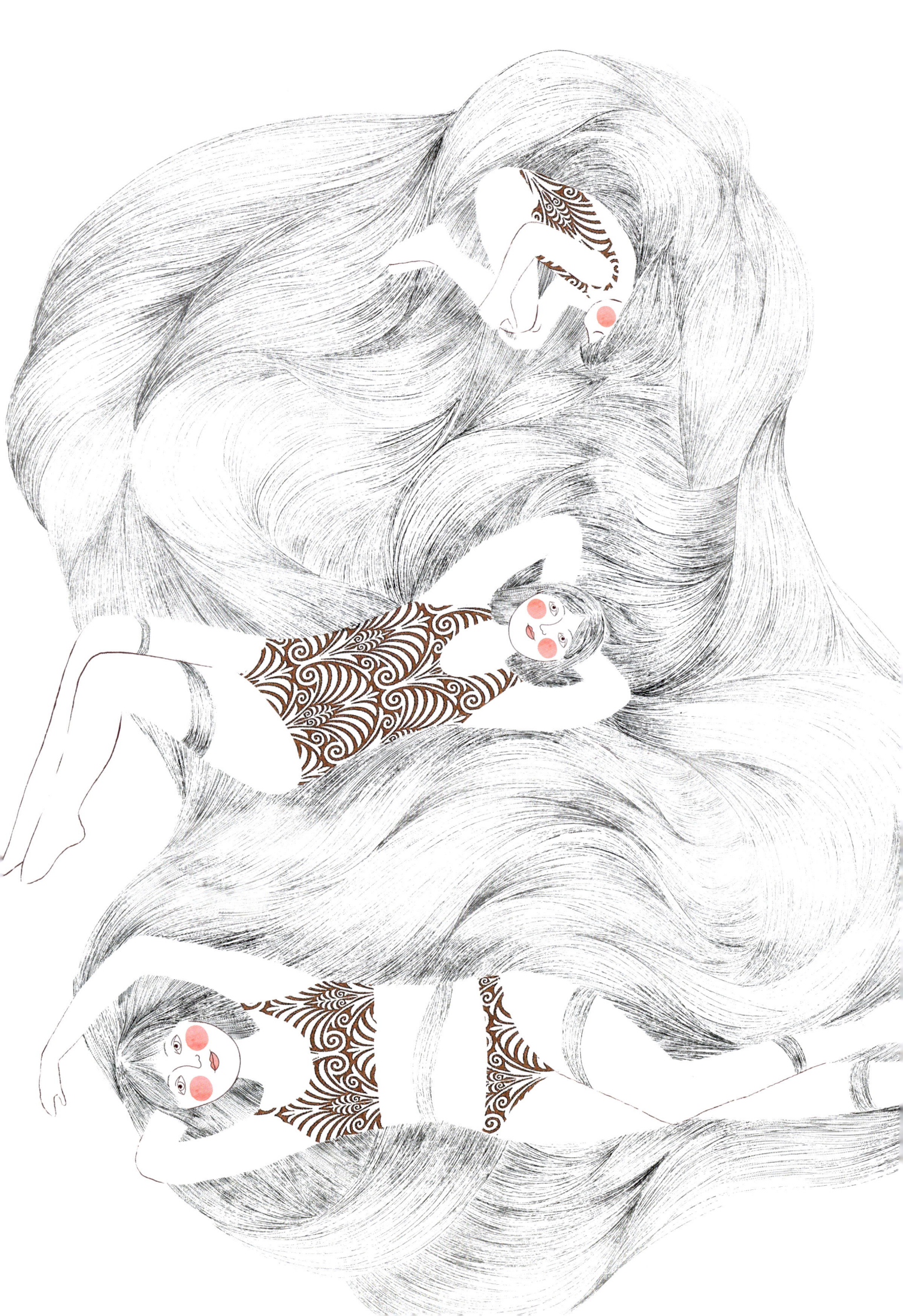

Tharla mo chéad fhuil mhíosta... Céard a tharlóidh anois?

Is ionann an fhuil mhíosta agus deireadh aois an pháiste agus fianaise go bhfuil tú ag forbairt mar dhuine fásta. Céard a chiallaíonn sé sin? Táimid ag forbairt agus tá gach rud ag oibriú mar ba cheart. Go hiondúil, ní tharlaíonn an fhuil mhíosta go rialta i rith an chéad dhá bhliain. Ciallaíonn sé sin go mb'fhéidir nach mbeidh tú ag míostrú gach mí, ach ní gá go mbeadh aon imní ort. Tógann sé tamall ar do chorp dul i dtaithí ar an bhforbairt seo. Tá pointe tábhachtach le lua. Má bhíonn d'fhuil mhíosta rialta agus ag tarlú gach mí, ach ansin má stopann d'fhuil mhíosta go tobann, ba cheart duit labhairt le do dhochtúir. Pointe tábhachtach eile is ea nach n-oibríonn corp an duine mar chlog nó mar mheaisín. Ní oibríonn corp gach duine ar an mbealach céanna i gcónaí. D'fhéadfadh aiste bia nach bhfuil go maith nó go leor struis cur isteach ar mhíostrú, moill a chur air nó stop a chur leis mar shampla.

Nuair a tharlaíonn an chéad fhuil mhíosta tarlaíonn athruithe fisiciúla freisin. Stopfaidh na hathruithe sin nuair a bhíonn duine thart ar 17 mbliana d'aois, nuair a bhíonn corp an duine forbartha go hiomlán. Ón aois sin ar aghaidh, gach seans nach n-athróidh an corp go suntasach.

Tabharfaidh tú athruithe éagsúla faoi deara. Athróidh an méid gruaige atá ar do chorp. Éireoidh an ghruaig níos tibhe agus beidh níos mó gruaige le feiceáil agat thart ar do bhléin, do phúbas, d'ascaillí nó do chosa. Ná lig dó sin cur isteach ort! Tairgeann corp an duine gruaig go nádúrtha chun codanna áirithe dár gcorp a chosaint. Fásann gruaig in áiteanna áirithe le haghaidh cúiseanna áirithe. Is í ár sláinte an rud is tábhachtaí agus d'fhéadfadh tionchar diúltach a bheith ag codanna áirithe den chorp, an púbas mar shampla, a bhearradh. D'fhéadfadh a leithéid a bheith mar bhonn le hionfhabhtuithe fuail. Dá bhrí sin, má bhíonn tú ag smaoineamh ar do chuid gruaige a bhearradh ná déan dearmad ar an bpointe gur chinn do chorp gruaig a fhás in áiteanna áirithe. Ba cheart go mbeadh gruaig ag fás in áiteanna áirithe.

Athróidh do mheáchan nuair a thosaíonn míostrú freisin: cuirfidh go leor cailíní suas meáchan sa chéad chúpla mí i ndiaidh míostraithe. Is gnáthrud é sin agus hormóin is cúis leis. An hormón ar a dtugtar éastraigin go háirithe. De bhrí go mbeidh éastraigin i do chorp tosóidh saill ag bailiú mórthimpeall ar do chíocha agus ar do chorróga. Is gnáthrud é sin, ach gach seans go gcuirfidh an t-athrú tobann seo ionadh ort - is bean atá ionat anois seachas cailín. Dá réir sin, is gnáthrud é meáchan a chur suas nuair a bhíonn do chorp ag forbairt. Níor cheart go mbeadh aon imní ort má tá do stíl mhaireachtála sláintiúil.

NÍ hÉ DO MHEÁCHAN AN RUD IS TÁBHACHTAÍ FÚT

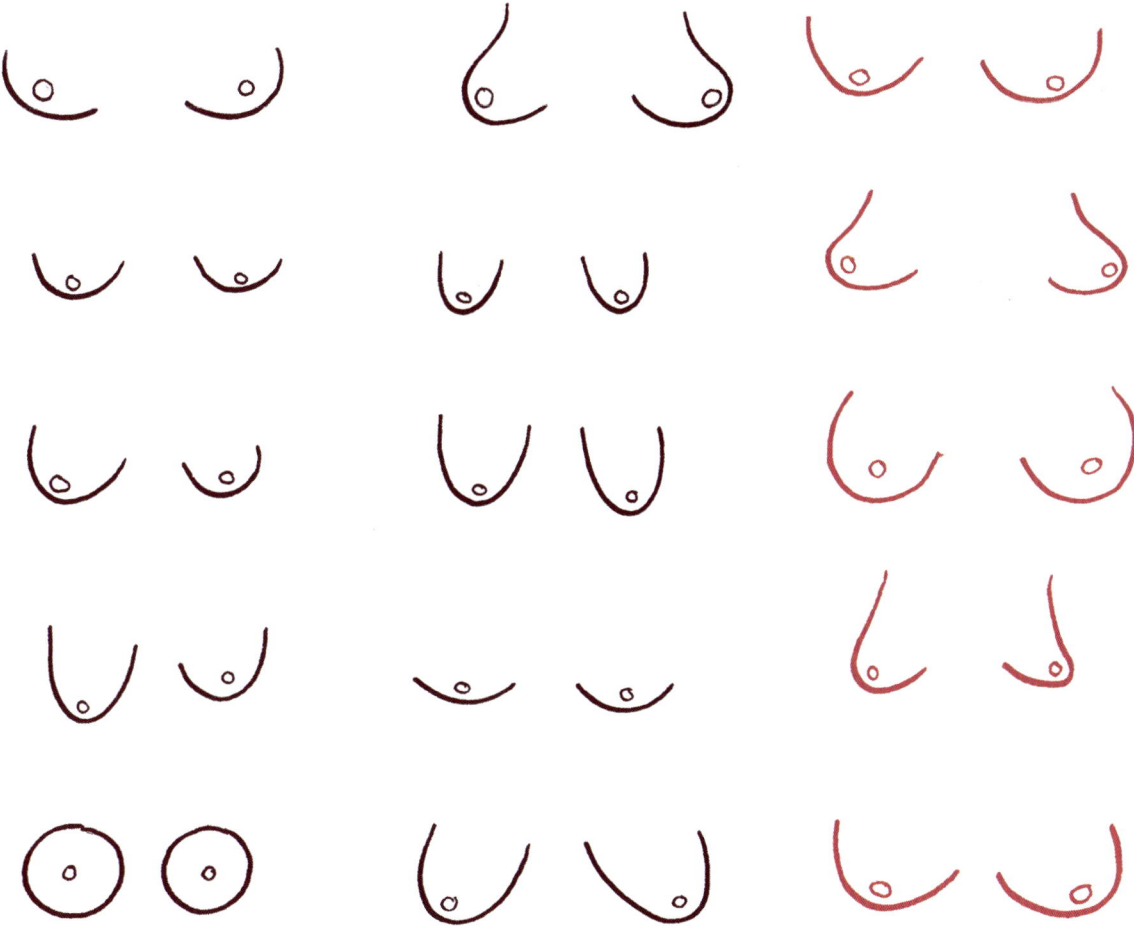

Chomh fada is a bhaineann le rátaí fáis, tá gach bean éagsúil. Beidh cíocha níos mó ag cailíní áirithe agus beidh cíocha níos lú ag cailíní áirithe: is gnáthrud é sin. Níl aon bhaint ag méid na gcíoch leis an mbealach a n-oibríonn siad. Úsáidtear na cíocha do bheathú cíche, agus is féidir páistí a bheathú leis na cíocha is cuma má tá na cíocha beag nó mór. Ar ndóigh, ní gá go mbeadh an dá chíoch díreach mar an gcéanna. Go deimhin, níl cíocha fhormhór na mban díreach mar an gcéanna! Tugann go leor ban faoi deara go bhfuil cíoch amháin níos mó ná an chíoch eile. Ná déan dearmad nach bhfuil ár gcorp siméadrach! Ní hamháin go bhféadfadh cíoch amháin a bheith níos mó ná an chíoch eile, d'fhéadfadh an cruth a bheith difriúil freisin. Níl gach bean mar an gcéanna. Tá gach corp difriúil. Tá cíocha níos cruinne ag mná áirithe, tá cíocha níos ísle srl. ag mná eile. Ach mar a dúirt mé roimhe seo, níl aon tionchar aige sin ar an mbealach a n-oibríonn na cíocha. Ná caith an iomarca ama ag smaoineamh ar na difríochtaí sin, seachas sin, smaoinigh ar an éagsúlacht agus ar na difríochtaí a bhaineann lenár gcíocha agus bí bródúil as an méid sin.

Tabharfaidh tú faoi deara go n-athróidh do chorróga agus do chliabhrach freisin: éireoidh siad níos leithne. Tarlaíonn sé sin de bhrí go stórálann ár hormóin saill ionas gur féidir leo tacú le toircheas, de bhrí go dteastaíonn go leor fuinnimh ó mhná torracha.

Ar ndóigh, ní féidir linn dearmad a dhéanamh ar an aicne a bhíonn le feiceáil ach oiread. Níl ach céatadán áirithe daoine nach mbíonn orthu déileáil le haicne. Bíonn ar 80% den daonra déileáil le haicne a fhorbraíonn ar a gcraiceann. Forbraíonn aicne mar thoradh ar hormóin, ár bhforbairt fhisiciúil, agus athruithe mothúchánacha agus cothaithe. Méadaíonn an méid geire a tháirgtear sa chorp i rith ógántachta, rud a chiallaíonn go mbíonn níos mó aicne le feiceáil ar chraiceann daoine óga. Tá aicne á rialú ag hormóin, téististéarón go háirithe. An hormón fireann a thugtar ar théististéarón. Ceist spéisiúil: más hormón fireann atá ann, cén fáth a mbíonn aicne le feiceáil ar chraiceann cailíní? Táirgtear téististéarón i gcorp cailíní freisin, méideanna beaga de, agus sin an chúis a mbíonn aicne le feiceáil ar chraiceann cailíní freisin. Ainneoin go bhfuil níos mó seans ann go bhforbróidh aicne ar chraiceann daoine i rith bhlianta na hógántachta, d'fhéadfadh spotaí forbairt ar chraiceann ban ag amanna éagsúla i rith na míosa. Ar ndóigh, is í an míostrú is cúis leis na spotaí sin. Athraíonn ár hormóin i rith na míosa. Is í an timthriall míosta is cúis le níos mó ola a bheith le feiceáil ar an gcraiceann. Is í an ola sin is cúis le haicne a bheith le feiceáil ar an gcraiceann i rith ubhsceite nó roimh ár bhfuil mhíosta.

Nuair a smaoiníonn daoine ar an timthriall míosta smaoiníonn siad ar shreabháin éagsúla.

Mar atá luaite roimhe seo, athraíonn ár gcorp i rith na míosa mar gheall ar an timthriall míosta. Bíonn athruithe le tabhairt faoi deara ar na sreabháin a bhíonn ag teacht amach as an bhfaighin freisin, agus ar fhaitíos nár rith sé leat fós, bíonn sreabháin éagsúla le feiceáil i rith an timthrialla mhíosta.

Bíonn sreabháin éagsúla le fáil san fhaighin i gcónaí, ach athraíonn na sreabháin i rith an timthrialla. Go ginearálta, nuair nach mbíonn mná ag míostrú, tálann siad sreabhán eile ar a dtugtar sileadh faighne. Is iad na faireoga atá le fáil inár gcóras atáirgthe atá freagrach as an sileadh faighne sin a chruthú. Cabhraíonn an sreabhadh chun an fíochán san fhaighin a choinneáil sláintiúil. Soláthraíonn an sreabhadh bealú agus cosaint i gcoinne ionfhabhtaithe agus greannaithe. Ach, athraíonn an méid, an raimhre, an dath agus an boladh fiú i rith an timthrialla agus, ar ndóigh, braitheann sé seo ar fad ar ár gcairde - hormóin!

An sreabhadh i rith an timthrialla

	1	2	3	4	5
6	7	8	9	10	11	12
13	14	15	16	17	18	19
20	21	22	23	24	25	26
27	28					

Nuair a bhímid ag míostrú bíonn ár hormóin ag leibhéil ísle. Dá bhrí sin, stopann ár gcoirp ag táirgeadh silidh. Ach ní thugaimid é sin faoi deara de bhrí go bhfuil an fhuil mhíosta ag fágáil ár gcoirp.

I ndiaidh na fola míosta, ardaíonn ár leibhéil hormóin arís, na leibhéil éastraigine go háirithe, chun ubh eile a aibiú. Go dtí go méadaíonn na leibhéil a ndóthain, ní thugtar athruithe sa sreabhadh faoi deara.

Nuair a tharlaíonn ubhsceitheadh, bíonn ár hormóin ag na leibhéil is airde; agus, dá bhrí sin, bíonn an méid is mó sreabhaidh le tabhairt faoi deara. Díreach roimh ubhsceitheadh éiríonn an sreabhadh níos tibhe, bán (buí i gcásanna áirithe) agus greamaitheach. Nuair a bhíonn na hormóin ag an leibhéal is airde ar fad, bíonn an sreabhadh cosúil le gealacán uibhe. Bíonn sé an-leaisteach agus greamaitheach.

I ndiaidh an ubhsceite, i rith na céime lúitéaiche, laghdaítear an méid sreabhaidh, agus éiríonn sé greamaitheach agus tirim.

Dathanna an mhíostraithe

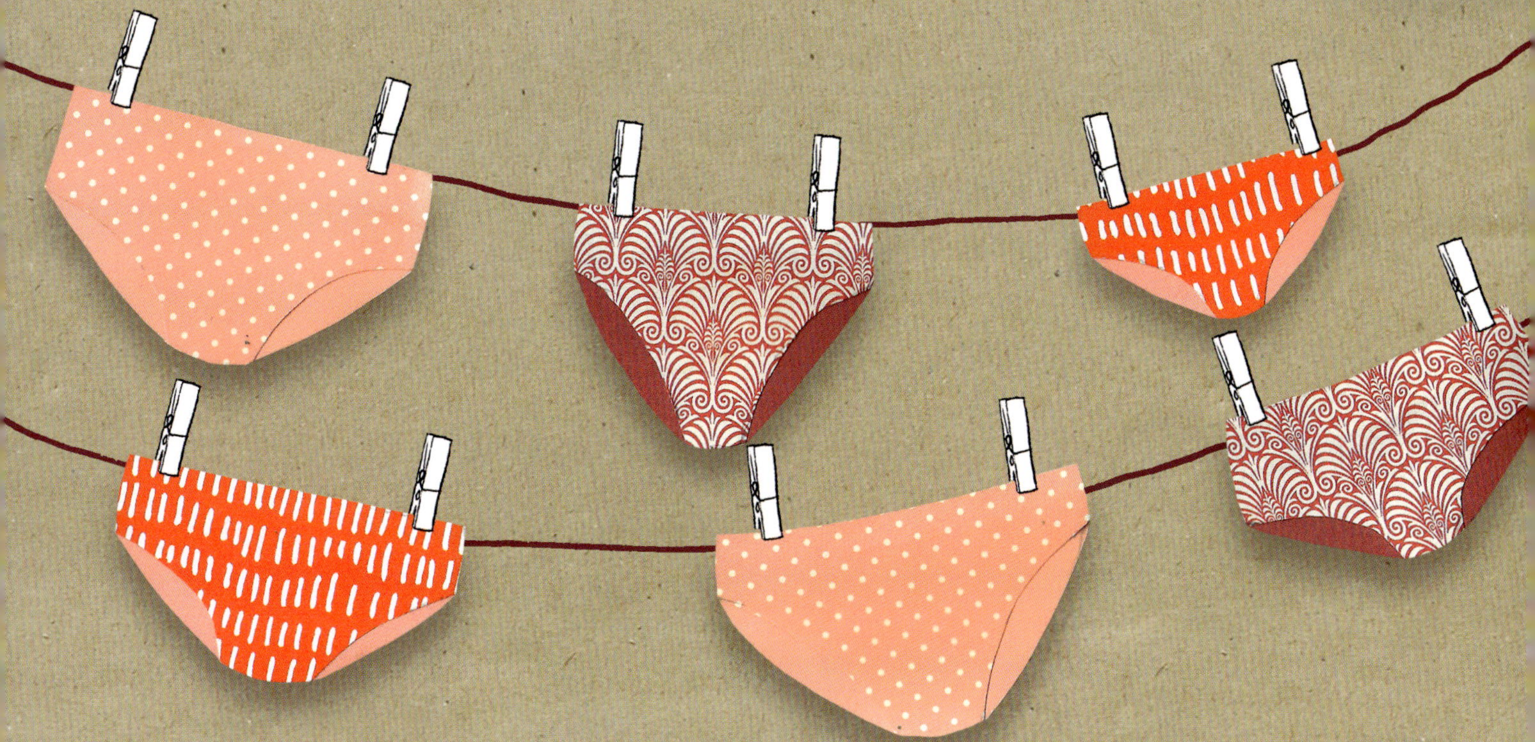

1. Dath bándearg
An-choitianta ag tús na fola míosta, fianaise nach bhfuiltear ag cailleadh mórán fola.

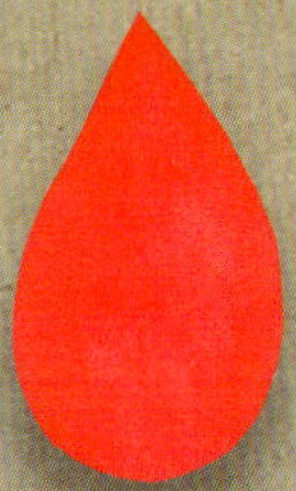

2. Dearg geal
An gnáthdhath ón dara lá den mhíostrú de bhrí go bhfuil níos mó fola á cailleadh. D'fhéadfadh téachtáin nó cnapanna a bheith le tabhairt faoi deara de bhrí go bhfuil fíochán tar éis briseadh ón útaras.

3. Dearg lag
Í seo an fhuil is sine sa bhroinn agus an fhuil dheireanach a fhágann an corp.

4. Donn dorcha
An chuid deiridh den fhuil agus deireadh an mhíostraithe.

Go leor fola míosta

Arís eile, is iad hormóin is cúis leis an méid silidh faighne a bhíonn le feiceáil. Braitheann an méid fola, agus tréimhse na fola míosta, ar an mbean agus ar a cuid hormón. De ghnáth, bíonn níos mó fola le feiceáil sa dara lá den fhuil mhíosta. Laghdaíonn an méid fola a bhíonn le feiceáil i rith na laethanta ina dhiaidh sin. Chun a fháil amach an bhfuil an iomarca fola á cailleadh agat, is leor aird a thabhairt ar na comharthaí: má mhaireann an fhuil mhíosta níos mó ná seacht lá, má mhothaímid míchompordach, má bhíonn drochphian ag cur isteach orainn nó má athraímid ár n-earraí sláintíocha níos minice ná mar is iondúil (uair amháin gach ceithre huaire an chloig de ghnáth). In aon cheann de na cásanna sin, is fearr cúnamh agus comhairle a fháil ó ghínéiceolaí.

Roinnt roghanna chun timpistí beaga a sheachaint

Mar a mhínigh mé sa rannóg roimhe seo, baineann míostrú le sreabháin. De ghnáth, maireann an fhuil mhíosta thart ar 5 lá, agus beidh méid áirithe fola le feiceáil againn i rith an ama sin. Sin an chúis nach mór go mbeadh táirgí againn i gcónaí chun cabhrú linn timpistí beaga a sheachaint. De ghnáth, úsáideann mná pillíní sláintíocha nó súitíní, ach anseo táimid ag tagairt freisin do tháirgí eile, táirgí atá go maith ní hamháin don tsláinte, ach don phláinéad freisin. Anseo thíos, míneoidh mé an chúis nach bhfuil táirgí aon uaire chomh hinmholta sin.

1. An t-ábhar atá le fáil iontu

Tá formhór na dtáirgí a gheobhaidh tú in ollmhargaí, cosúil le pillíní, déanta d'ábhar plaisteach agus de cheallalós den chuid is mó.
Mar chuid den saol laethúil tá taithí againn ar ábhar plaisteach cosúil le buidéil uisce nó málaí siopadóireachta a úsáid...
Ach an mbeifeá sásta plaisteach a úsáid sna réigiúin phearsanta de do chorp?

Fadhb eile a bhaineann le pillíní plaisteacha is ea nach mbíonn an t-ábhar seo ag cur allais agus go gcruthaítear drochbholadh. Creid é nó ná creid, ní bhíonn drochbholadh ag teacht ó fhuil mhíosta. Is iad na hábhair a úsáidtear chun na pillíní a dhéanamh is cúis leis an drochbholadh. Sin an chúis a gcinneann go leor brandaí aitheanta cumhráin a úsáid ina bpillíní chun an drochbholadh a cheilt, rud atá níos tocsainí arís!

Maidir le súitíní, táirge eile nach féidir brath go hiomlán air ach a úsáideann formhór na mban, tá siad déanta de chadás agus de cheallalós saorga. Tá an sreangán déanta de pholapróipiléin agus de phoileistear, ar a dtugtar plaisteach. Agus ar ndóigh, tá an forchuradóir déanta go hiomlán de phlaisteach. Ach níl súitíní inmholta díreach mar gheall ar a gcomhdhéanamh. Tá nasc díreach idir súitíní a úsáid agus siondróm suaite thocsainigh (SST) mhíosta. Baictéir is cúis le SST, baictéir staif go sonrach, agus bíonn na siomptóim sách dian, cosúil le fiabhras, gríos, brú fola íseal, nó teip ar orgáin éagsúla. Ní hiad na súitíní is cúis le SST, de bhrí go bhfuil baictéir stafalacocais le fáil inár gcorp go nádúrtha, ach nuair a úsáidimid súitíní atá an-súiteach agus nuair a chaithimid iad i gcomhair tréimhse níos faide ná mar atá molta, cruthaítear meán síolraithe don bhaictéar, rud is cúis le hionfhabhtú. Dá bhrí sin, má roghnaímid súitíní a úsáid gach mí, ní mór dúinn a chinntiú nach n-úsáidimid iad i gcomhair tréimhse níos faide ná mar atá molta, idir ceithre agus ocht n-uaire an chloig de ghnáth. Tá sé tábhachtach freisin súitín a úsáid nach ionsúnn níos mó sreabháin ná mar atá á tháirgeadh againn.

2. Dramhaíl

Fadhb mhór eile is ea gur earraí aonúsáide iad táirgí míostraithe tráchtálaithe, de bhrí nach féidir iad a athúsáid. Smaoinigh ar na figiúirí:

Má bhíonn a céad fhuil mhíosta ag bean nuair a bhíonn sí thart ar 12 bhliain d'aois beidh thart ar 500 fuil mhíosta aici i rith a saoil thorthúil go dtí go sroicheann sí meanapás, nuair a bheidh sí thart ar 50 bliain d'aois. I rith gach timthrialla, úsáidimid ceithre shúitín nó ceithre phillín gach lá, rud a chiallaíonn go mbeadh 20 táirge in úsáid i rith gach timthrialla (cúig lá). Má mhéadaítear an 20 táirge sin faoi 500 timthriall i saol torthúil mná … sin 10,000 aonad dramhaíola in aghaidh na mná. Cuid fholláin den saol is ea an míostrú a tharlaíonn do bhreis agus 50% den daonra in Éirinn. Ar leibhéal domhanda, bíonn na billiúin duine ag míostrú, rud a fhágann go mbíonn na céadta billiún táirge aon úsáide míostraithe á gcaitheamh amach. An dóigh leat go bhfuil sé sin iomarcach?

Ach, tá cúpla rud eile le rá freisin. Mar atá thuasluaite, is plaisteach é beagnach 90% den ábhar a bhíonn le fáil in earraí sláintíocha, rud a chiallaíonn go dtógann sé níos mó ná 300 bliain chun iad a lobhadh. Ciallaíonn sé sin, faoin mbliain 2322, go mbeidh na hearraí sláintíocha atá caite sa bhosca bruscair ag mná sa lá inniu ann fós ag lobhadh. Craiceáilte, nach bhfuil?

3. An Praghas

Tá dul chun cinn maith déanta in Éirinn – fuarthas réidh le "cáin na súitíní", is é sin an CBL ar tháirgí míostraithe. Ón 1 Eanáir 2023 i leith, ní íoctar CBL ar bith ar tháirgí míostraithe ar nós súitíní, pillíní agus cuachán míosta. Fágann sé sin gurb í Éire an t-aon tír san AE ina bhfuil gach táirge sláinteachais saor ó cháin.

Seo a leanas réimse cineálacha táirgí sláinteachais míostraithe a d'fhéadfadh a bheith ag teastáil uait:

Adhartáin éadaigh agus brístíní

Tá siad sin déanta d'ábhair nádúrtha an-súiteacha a chabhróidh leat ní hamháin chun timpistí beaga a sheachaint, ach chun drochbholadh a sheachaint freisin. Nuair a athraíonn tú iad, is féidir leat iad a ní de láimh nó san inneall níocháin, ag tríocha céim, agus ansin iad a chrochadh (ná triomaigh iad sa triomadóir). Nuair a bhíonn siad tirim, is féidir iad a úsáid arís. Má bhíonn tú cúramach leo, ba cheart go mbeifeá in ann iad a úsáid i gcomhair suas le cúig bliana.

Cuachán míosta

Is féidir an cuachán míosta a úsáid seachas súitíní, agus tá sé i bhfad níos sábháilte duit féin agus don timpeallacht. Tá an táirge míosta seo cosúil le cupán, agus úsáidtear é chun an fhuil a bhailiú agus a stóráil. Ní ionsúitear an fhuil mhíosta sa chuachán mar a dhéantar nuair a úsáidtear súitíní. Níl sé díobhálach don tsláinte agus ní chruthaíonn sé drochbholadh. Tá sé déanta de shileacón, ábhar uiscedhíonach, rud a chiallaíonn nuair a bheidh sé á úsáid agat nach mbeidh an fhuil mhíosta i dteagmháil le do chraiceann. Níl le déanamh ach é a fhiuchadh in uisce i gcomhair cúpla nóiméad chun é a ní. D'fhéadfá é a úsáid i gcomhair suas le 12 uair an chloig, ach tá sé inmholta i gcónaí é a fholmhú roimhe sin. Is é an buntáiste is mó a bhaineann leis an gcuachán míosta gur féidir leat dul ag snámh ag an trá nó sa linn snámha gan imní a dhéanamh faoi thimpistí beaga.

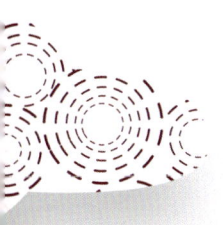

Anois ó tharla go bhfuil gach rud ar eolas agat faoi na táirgí seo, roghnaigh ceann amháin agus bain triail as go bhfeicfidh tú cén táirge is oiriúnaí duit féin agus do do riachtanais.

Sláinteachas pearsanta i rith míostraithe

I rith míostraithe, tá sé an-tábhachtach aire a thabhairt do do shláinteachas pearsanta ní hamháin ar mhaithe le do shláinte, ach ar mhaithe le do chompord freisin. Seo a leanas roinnt nod chun cabhrú leat:

1. Nigh an réigiún pearsanta de do chorp thart ar dhá uair sa lá, uair amháin ar maidin agus uair amháin sa tráthnóna. Úsáid gallúnach neodrach, ná húsáid an ghallúnach a úsáideann tú chun an chuid eile de do chorp a ní. Is fearr freisin gan ruaimeanna ná cumhráin a chaitheamh a chuireann as do do chraiceann. Ar deireadh, ná déan dearmad do lámha a ní roimh agus i ndiaidh duit adhartán nó cuachán míosta a úsáid.

2. Athraigh na táirgí míostraithe chomh minic agus is féidir leat. Athraítear pillíní thart ar gach ceithre huaire an chloig agus athraítear an cuachán thart ar gach ocht n-uaire an chloig. Bí cinnte go bhfuil táirgí breise agat i gcónaí.

3. Caith éadaí compordacha nach mbíonn tú fáiscthe iontu. Mura bhfuil brístíní míostraithe á gcaitheamh agat, caith brístíní cadáis, de bhrí gur féidir allas a chur iontu.

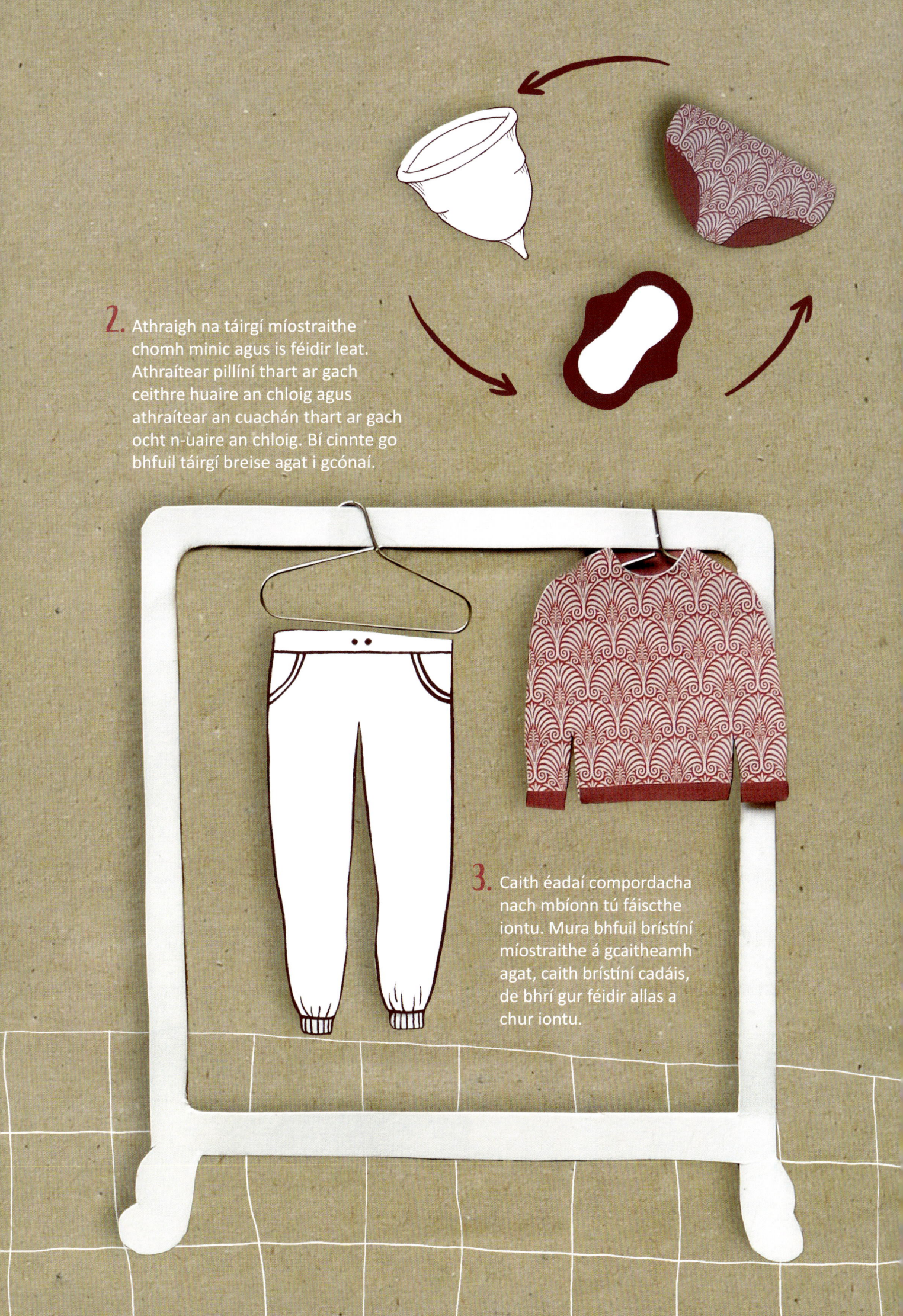

Siondróm réamh-mhíosta

Is éard atá i gceist le siondróm réamh-mhíosta, ar a dtugtar PMS go coitianta, siomptóim fhisiciúla agus mhothúchánacha a mbíonn ar mhná áirithe déileáil leo roimh gach fuil mhíosta. Tá sé cosúil le haláram inmheánach ag insint duit go mbeidh míostrú ag tarlú go luath. I measc na siomptóm fisiciúil is coitianta tá tinneas cinn, frithireacht chíche, at sa chliabhrach agus san abdóman, athruithe ar ghoile, nó fadhbanna inne.

Tá fianaise ar na siomptóim ghiúmair le fáil sna mothúcháin, bíonn mná níos laige, níos tuirsí agus bíonn deacracht ag mná áirithe díriú ar a gcuid oibre fiú. Rabhadh! Ní chuireann PMS isteach ar gach bean. Braitheann sé ar na dálaí síceolaíocha, fisiciúla agus timpeallachta a bhfuil taithí ag mná orthu, agus dá bhrí sin, ní féidir PMS a rialú 100%. Ina theannta sin, tá go leor oibre le déanamh ag ár gcairde - hormóin - agus bíonn tionchar ag leibhéil hormóin roimh mhíostrú ar mhná agus is iad is cúis le rudaí ar leith a bheith ag cur isteach ar mhná.

Tá sé tábhachtach go mbeadh mná in ann idirdhealú a dhéanamh idir PMS agus rud éigin eile. Dá bhrí sin, ní mór dúinn monatóireacht a dhéanamh ar ár siomptóim agus a oibriú amach an mbíonn siad le tabhairt faoi deara cúpla lá roimh mhíostrú. Mura mbíonn, seans maith go bhfuil tú ag mothú míchompordach mar gheall ar chúis éigin eile agus beidh ort cuairt a thabhairt ar an dochtúir. Má chuireann PMS isteach ort, áfach, seo thíos roinnt nod chun cabhrú leat déileáil leis:

1. Ith bia sláintiúil

Braitheann ár gcorp ar an mbia a ithimid. Má ithimid bia sláintiúil, beidh ár gcorp buíoch dínn. Tugtar PMS faoi deara seachtain roimh an míostrú. Bíonn ár gcorp ag ullmhú don fhuinneamh a theastaíonn don mhíostrú agus ag cinntiú go bhfuil an oiread fuinnimh agus is féidir ar fáil do do chorp. Ba cheart duit tús áite a thabhairt do bhia sláintiúil a ithe. RABHADH! Ní hionann bia maith agus bia sláintiúil a ithe agus a bheith ar aiste bia. Ní gá duit béilí a shrianadh ná béilí áirithe a ligean i ndearmad. Roghnaigh an bia a itheann tú ionas gur féidir le do chorp é a úsáid ar an mbealach is fearr agus is féidir.

2. Aclaíocht

Nuair a dhéanaimid aclaíocht, ligimid ár scíth - sin iomlán na fírinne; is deis í an aclaíocht chun ár n-intinn a ghlanadh agus chun ár gcorp a ghníomhachtú. Dá réir sin, is bealach maith é chun déileáil le siomptóim ghiúmair PMS. Is féidir leat spóirt aeróbacha a dhéanamh cosúil le snámh, damhsa nó leathuair an chloig a chaitheamh ag siúl, bíonn sé seo níos taitneamhaí amanna má chuireann tú ort do chluasáin le héisteacht le ceol.

3. Relax

Déan iarracht gníomhaíochtaí a chuireann strus ort a sheachaint oiread agus is féidir, de bhrí go bhféadfadh a leithéid a bheith mar bhonn le fadhbanna inne nó le tinneas cinn.

4. Scíth a ligean

Tá sé tábhachtach go bhfaigheann tú dóthain scíthe. Déan iarracht codladh i gcomhair ocht n-uaire an chloig.

Pian mhíosta

Sula gcuirfimid tús leis an gcaibidil seo, tá mé ag iarraidh rud amháin a shoiléiriú: ní hionann míchompord míosta agus pian. Tá an míchompord cosúil leis na siomptóim a thugamar faoi deara sa rannóg maidir le siondróm réamh-mhíosta. Tá pian mhíosta níos géire agus d'fhéadfadh sí cur isteach ar ár saol laethúil.

Chun teacht ar thuiscint ar an gcúis a d'fhéadfadh a bheith le míostrú pianmhar, ní mór duit na cúiseanna a d'fhéadfadh a bheith leis an bpian a thuiscint ar dtús. Arís eile, baineann sé seo lenár gcairde - na hormóin. An uair seo, is í prostaglaindin an hormón a bhíonn ag cur isteach orainn. Is í prostaglaindin is cúis lenár n-útaras a bheith ag crapadh chun an t-inmheitriam a scaoileadh agus chun míostrú a spreagadh. Is í prostaglaindin freisin an hormón is cúis le crapthaí a tharlaíonn i rith breith clainne ionas gur féidir le mná páiste a thabhairt ar an saol. D'fhéadfá a rá gurb ionann pian mhíosta agus sampla den phian a bhíonn le mothú i rith breithe. Ní mhothaíonn gach bean pian. Bíonn ar mhná áirithe déileáil le pian ach ní mhothaíonn mná eile pian ar bith. Braitheann sé seo ar an mbean, ar a corp agus ar a hormóin. Má mhothaíonn tú pian beidh tú in ann déileáil léi. Ar dtús, ní mór go mbeifeá in ann an phian a shainaithint: mothaíonn mná áirithe pian mórthimpeall ar an útaras, mothaíonn mná eile pian mórthimpeall ar a gcuid duán.

Má bhíonn pian i d'útaras, i d'abdóman íochtair go sonrach, cabhróidh foinse teasa leat. Mar a mhínigh mé níos túisce, is spás folamh é an t-útaras. Is matán atá ann i ndáiríre. Dá réir sin, is crapadh matáin is cúis leis an bpian. Cosúil le gach matán, is féidir matán an útarais a scaoileadh trí fhoinse teasa a úsáid. D'fhéadfá an mála síolta teirmeach a chuirtear ar fáil sa phacáiste seo a úsáid. Cuir an mála sa mhicreathonnán i gcomhair cúpla nóiméad agus leag an mála ar an abdóman ansin, san áit ina mothaíonn tú an phian. Go hiondúil, i ndiaidh tamaill, beidh na matáin scaoilte ag an teas agus beidh an chuid sin den chorp scaoilte. Seo a leanas roinnt cleas eile chun cabhrú leat déileáil ar bhealach níos fearr leis an bhfuil mhíosta:

1. Compord

Caith éadaí compordacha scaoilte i rith míostraithe, go háirithe mórthimpeall ar an abdóman, de bhrí go mbíonn an t-abdóman ata de ghnáth. Roghnaigh éadaí a bheidh oiriúnach le caitheamh i rith míostraithe.

Anois, más rud é i ndiaidh duit triail a bhaint as na noda seo go mbíonn pian ort fós agus nach féidir leat leanúint ar aghaidh le do ghnáthshaol i rith d'fhola míosta, ní mór duit labhairt le duine éigin. Tá míostrú pianmhar an-choitianta. Bíonn thart ar 60% de mhná ag fulaingt i rith míostraithe, ach má tá an phian géar d'fhéadfadh na cúiseanna seo a leanas a bheith mar bhonn leis:

Dismhíostrú Príomhúil

Is éard atá i gceist le dismhíostrú an phian a bhíonn le mothú i rith míostraithe, ach sa chás seo bíonn an phian an-ghéar. Uaireanta ní bhíonn go leor cailíní agus ban in ann freastal ar ranganna ná ar obair. Bíonn drochphian le mothú in íochtar an abdómain. Ar ndóigh, is é an hormón prostaglaindine is cúis leis an bpian agus leis na crapthaí san útaras a bheith níos déine ná mar is iondúil. Tá dhá chineál dismhíostraithe ann: príomhúil agus tánaisteach.

Neamhchothroime hormónach is cúis le dismhíostrú príomhúil, agus baineann dismhíostrú tánaisteach le galair eile cosúil le hinmheatróis, fiobróidigh nó cisteanna útaracha, a bhfuil cur síos déanta orthu thíos. Seo a leanas príomhshiomptóim an dismhíostraithe: urlacan, pian in íochtar na droma nó sa bholg, buinneach, tinneas cinn nó tuirse, agus siomptóim eile nach iad. Is é an bealach is éasca chun a fháil amach an bhfuil dismhíostrú ag tarlú an cheist seo a leanas a fhreagairt: an bhfuil na siomptóim chomh láidir sin nach féidir leat na rudaí is mian leat a dhéanamh. Is í an chéad chéim an méid atá ag tarlú duit a thuiscint. Is í an dara céim cúnamh a lorg. Tá dismhíostrú níos coitianta ná mar a cheaptar. Cuireann sé isteach ar thart ar aon bhean amháin as gach triúr. Ach ní chiallaíonn sé gur gá dúinn cuairt a thabhairt ar ghínéiceolaí chun diagnóis a fháil nó chun leigheas speisialta a fháil. Tá dismhíostrú príomhúil níos coitianta i measc ógánach agus ban óg.

Dismhíostrú tánaisteach

Is éard atá i gceist le dismhíostrú tánaisteach pian seasta a bhíonn le mothú an tseachtain roimh mhíostrú. Bíonn sé le tabhairt faoi deara go coitianta i mná atá os cionn 30 bliain d'aois a raibh páistí acu. Tarlaíonn dismhíostrú tánaisteach mar gheall ar na cúiseanna seo a leanas:

1. Inmheatróis

Is éard atá in inmheatróis an fíochán ar a dtugtar an t-inmheitriam. Bíonn an t-inmheitriam le fáil taobh isteach de bhallaí an útarais i rith an timthrialla roimh mhíostrú. Seachas fás i mballaí an útarais, fásann an fíochán seo i gcodanna eile den chóras atáirgthe freisin cosúil leis na hubhagáin, na feadáin útaracha nó taobh thiar den útaras, agus in áiteanna eile freisin. Is é an siomptóm is coitianta drochphian sa pheilbheas nó drochphian in íochtar an abdómain.

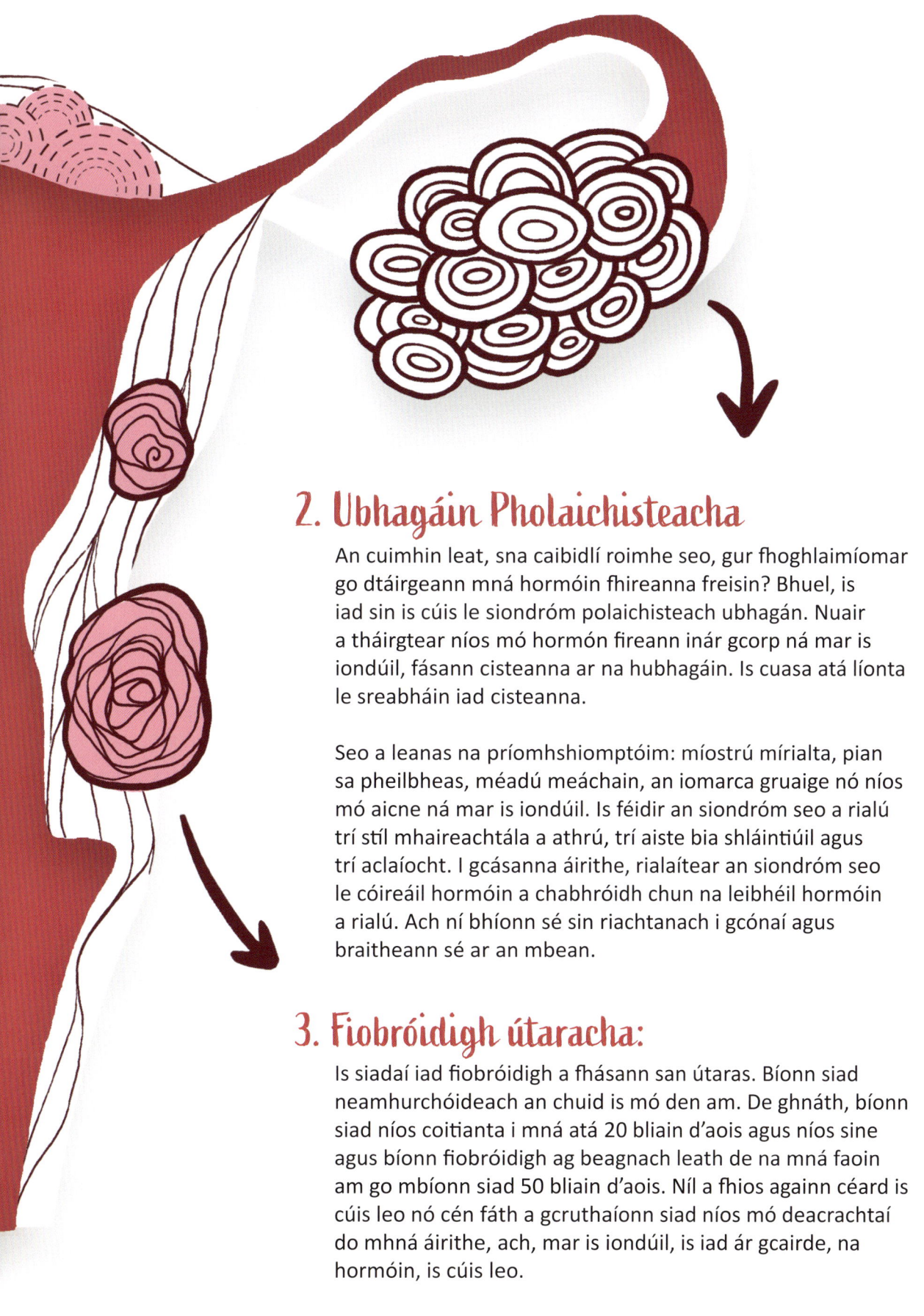

2. Ubhagáin Pholaichisteacha

An cuimhin leat, sna caibidlí roimhe seo, gur fhoghlaimíomar go dtáirgeann mná hormóin fhireanna freisin? Bhuel, is iad sin is cúis le siondróm polaichisteach ubhagán. Nuair a tháirgtear níos mó hormón fireann inár gcorp ná mar is iondúil, fásann cisteanna ar na hubhagáin. Is cuasa atá líonta le sreabháin iad cisteanna.

Seo a leanas na príomhshiomptóim: míostrú mírialta, pian sa pheilbheas, méadú meáchain, an iomarca gruaige nó níos mó aicne ná mar is iondúil. Is féidir an siondróm seo a rialú trí stíl mhaireachtála a athrú, trí aiste bia shláintiúil agus trí aclaíocht. I gcásanna áirithe, rialaítear an siondróm seo le cóireáil hormóin a chabhróidh chun na leibhéil hormóin a rialú. Ach ní bhíonn sé sin riachtanach i gcónaí agus braitheann sé ar an mbean.

3. Fiobróidigh útaracha:

Is siadaí iad fiobróidigh a fhásann san útaras. Bíonn siad neamhurchóideach an chuid is mó den am. De ghnáth, bíonn siad níos coitianta i mná atá 20 bliain d'aois agus níos sine agus bíonn fiobróidigh ag beagnach leath de na mná faoin am go mbíonn siad 50 bliain d'aois. Níl a fhios againn céard is cúis leo nó cén fáth a gcruthaíonn siad níos mó deacrachtaí do mhná áirithe, ach, mar is iondúil, is iad ár gcairde, na hormóin, is cúis leo.

Sin deireadh an leabhair, ach níl tú ach ag tús d'aistir i dtreo míostraithe atá sláintiúil agus sothuigthe